Merci à tous ceux qui ont cru en moi et n'ont cessé de m'encourager, de la conception de ce projet jusqu'à sa réalisation.

Car c'est une prophétie dont le temps est déjà fixé ; elle marche vers son terme, et elle ne mentira pas. Si elle tarde, attends-la, car elle s'accomplira, elle s'accomplira certainement.

– Habacuc 2.3 LSG

À toutes les filles à qui on a dit que leurs cheveux n'étaient pas assez beaux : sachez que vous êtes belles telles que vous êtes !

Copyright © 2018 Ndija Anderson-Yantha

ISBN : 978-0-9958577-2-8

Directeurs artistiques : Ndija Anderson-Yantha et Matthew Yantha

Illustrateur : Kaela Beals ; Éditeur anglais : Marlo Garnsworthy ; Éditeur graphique : Dylan Gnitecki

Traducteur : Nathalie Michèle Biwole

www.ndijaanderson-yantha.com

Tous droits réservés. Toute reproduction, partielle ou totale, diffusion, publication ou retransmission de cet ouvrage, que ce soit l'utilisation de graphiques, documents sonores, électroniques, sans autorisation écrite préalable des détenteurs des droits d'auteur est interdite, exception faite pour un évaluateur souhaitant utiliser de brefs extraits pour une critique ou un article. La reproduction non autorisée partielle ou totale de ce livre est illégale et susceptible d'être punie par la loi.

Je m'appelle Zuri, mais tout le monde me connaît comme étant « la fille aux cheveux touffus » car mes cheveux sont très épais et frisés.

Des fois, mes cheveux aiment en faire à leur guise et ils s'emmêlent, si bien qu'avant lorsque ma mère me les peignait j'avais tellement mal et je criais :

« De grââââce, coupe-les ! »

J'ai ce qu'on appelle des cheveux « africains », ce sont des cheveux *crépus* et frisés (avec des boucles très fines) — le même genre de cheveux que mes ancêtres qui venaient de l'*Afrique subsaharienne*.

Savais-tu que les personnes d'origines différentes ont des textures de cheveux différentes en partie à cause du climat de l'endroit où leurs ancêtres vivaient ?

Les personnes comme moi, ayant des origines ancestrales africaines ont souvent des cheveux épais (touffus) enroulés en spirale parce qu'ils protègent la tête contre le soleil afin de la garder à l'abri. Les boucles de ce type de cheveux s'emmêlent aussi facilement.

Des fois à l'école, les enfants et même mes cousins me demandent :
« Mais que vas-tu faire de tes cheveux ? Pourquoi ne les *défrises*-tu pas ?

— Je leur réponds, Pourquoi le ferais-je ?
Je trouve mes cheveux magnifiques
et je ne les changerai pour rien au monde ! »

Maintenant que je sais moi-même prendre soin de mes cheveux, je ne veux plus les avoir lisses.

La texture unique de mes cheveux me permet de les coiffer et leur donner la forme que je désire. Je peux même en faire une belle œuvre d'art africaine et être fière de mon héritage.

Et si tes cheveux sont frisés comme les miens, alors cela signifie que tu peux aussi le faire. Laisse-moi te montrer !

Tu peux les tresser en nattes !

Ces tresses se font en entrelaçant trois mèches de cheveux ou plus.

Tu peux entrecroiser tes cheveux pour faire des tresses de différentes tailles :

petites, moyennes

et grosses.

Sais-tu que les tresses sont un art africain antique ? Les Égyptiens d'autrefois étaient probablement les premiers à faire des tresses. Les archéologues ont découvert des œuvres d'art dans les tombeaux de l'Égypte antique illustrant toutes sortes de coiffures : des perruques, des extensions de cheveux (ou rajouts), des tresses et des torsadés — qui étaient portées par des personnes de toutes les couches sociales, il y a de cela des milliers d'années.

Même des reines telles que la *reine Néfertari* (l'épouse du roi Ramsès II, au 13ème siècle avant JC), avaient des tresses à cette époque là !

Les *fresques* de sa tombe la montrent portant de fines tresses dont les bouts sont tenus par un fil doré qui les empêche de se défaire.

Depuis l'Égypte antique, les humains à travers le monde avaient différentes sortes de tresses, et elles sont toujours très populaires aujourd'hui, notamment en Inde.

Mais les tresses n'ont pas eu autant de succès qu'en Afrique !

Dans ce continent, la coiffure et le tressage des cheveux en particulier représentaient une sorte d'art, tout comme la sculpture.

Le tressage des cheveux donnait aussi l'opportunité aux citoyens doués de la communauté de montrer leurs compétences créatrices !

Les coiffures africaines étaient très fantaisistes, elles combinaient souvent différentes méthodes telles que les tresses, le nouage, la coupe de cheveux et les dessins tracés par rasage, tout cela en une seule coiffure !

Les perles, les fleurs, les pièces, les coquillages et les bandes de tissu constituaient des accessoires de choix et étaient également incorporés dans les coiffures.

Chaque coiffure avait une signification et véhiculait d'importantes informations au sujet de la personne qui la portait, telles que :

l'âge,

le sexe,

les croyances religieuses,

le statut social,

l'origine

et quelques fois même son nom de famille.

Savais-tu que l'art de faire des tresses connecte toutes les personnes noires à l'Afrique ?

AMÉRIQUE DU NORD

EUROPE

ANTILLES

Le tressage de cheveux est l'une des rares pratiques africaines ayant survécu au *Passage du Milieu*.

AFRIQUE

AMÉRIQUE DU SUD

LE PASSAGE DU MILIEU

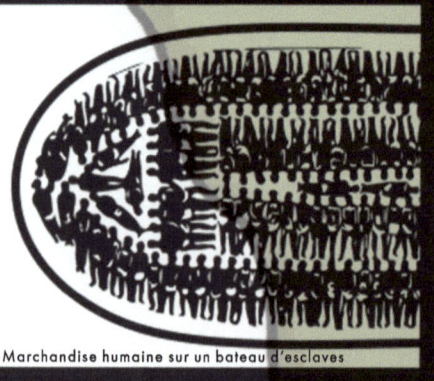

Marchandise humaine sur un bateau d'esclaves

Le *Passage du Milieu* ou la traversée de l'océan Atlantique était la partie intermédiaire du voyage des esclaves d'Afrique vers le *Nouveau Monde* lors de la *Traite Négrière Transatlantique*.

Les esclaves encore appelés *nègres de maison*, femmes comme hommes, se faisaient des nattes afin de garder leurs cheveux propres et présentables pendant qu'ils étaient au service de leurs maîtres.

Les *nègres des champs* nattaient, tissaient et *filetaient* leurs cheveux (en les enroulant fermement avec un morceau de tissu ou du fil) pour avoir le visage dégagé pendant qu'ils travaillaient. Ils utilisaient aussi des *bandanas* pour se protéger contre les insectes, la chaleur, mais aussi à cause de la honte qu'ils éprouvaient de ne pas pouvoir prendre soin de leurs cheveux comme ils le faisaient en Afrique.

La plus part des femmes noires utilisent encore un foulard pour protéger leurs tresses lorsqu'elles vont au lit ou pour couvrir leur tête lorsqu'elles ne sont pas coiffées.

Les femmes esclaves apprenaient à leurs filles à faire des tresses, ainsi donc la tradition se passait de grand-mères à mères, et de mères à filles. Cela leur permettait aussi de rester connecter à leurs racines africaines.

Tu peux natter tes cheveux !

Les *nattes collées* (ou « cornrows ») désignent une technique traditionnelle africaine de tressage de cheveux.

Elles sont réalisées à partir des lignes tracées sous forme de modèle dans les cheveux pour faire des tresses.

As-tu déjà remarqué que les modèles de nattes collées ressemblent à des rangées de champs de maïs ou de cannes à sucre ? C'est de là que cette coiffure tient son nom.

Cette coiffure était aussi considérée comme un symbole pour la civilisation, l'agriculture et l'ordre.

En Afrique, les modèles de nattes collées ont des significations précises. Certains d'entre eux étaient créés pour des cérémonies diverses : religieuses, de guerres, de festivals ou des *rites de passage*.

Malheureusement, beaucoup de ces significations spéciales ont perdu leurs valeurs au cours de l'esclavage.

Bien que les esclaves dans le *Nouveau Monde* se faisaient des nattes collées afin de garder leurs cheveux propres et présentables, seuls les enfants les portaient aisément parce que les coiffures africaines étaient jugées indécentes,

raison pour laquelle pendant plusieurs décennies beaucoup de gens pensaient que les nattes ne convenaient qu'aux enfants.

Mais dans les années 1960 et 1970, quand les noirs aux États-Unis ont repris contact avec leurs racines africaines lors du *mouvement « Black Power »*, les nattes collées sont à nouveau devenues une coiffure acceptable et même très appréciée par les adultes.

Ce n'est que dans les années 1990 (grâce aux chanteurs de rap et de hip-hop) que les nattes ont été adoptées dans le monde entier.

Et dans les années 2000, on pouvait même voir des stars et des mannequins de la scène internationale les porter !

Tu peux faire des vanilles !

Les *vanilles* ou *« twists »* sont similaires aux nattes sauf qu'elles sont faites en entrelaçant deux mèches de cheveux au lieu de trois.

Les vanilles étaient une coiffure de choix pendant longtemps chez plusieurs groupes ethniques africains tels que les *Afars* (ou *Danakils*) et les *Karrayyus*, habitants dans la *corne de l'Afrique* et les peuples du *Maghreb* (en Afrique du Nord).

Est-ce que tu sais qu'il y a plusieurs manières de faire des vanilles ? Les vanilles faites à base de deux mèches de cheveux sont la forme basique de cette coiffure et sont habituellement réalisées avec tes propres cheveux. Il existe d'autres formes de vanilles ou twists qui sont faites en utilisant différentes textures d'*extension de cheveux*.

On peut faire des vanilles en commençant par une natte à la racine ou en entrelaçant les cheveux de la racine jusqu'au bout de la tresse.

Les *vanilles sénégalaises* sont longues, elles ressemblent à de petites cordes et sont faites avec des extensions de cheveux lisses.

As-tu déjà entendu parler du terme « Sénégalaise » ? Il désigne une personne ou une chose originaire du Sénégal, un pays d'Afrique de l'Ouest qui se trouve aux frontières de la Mauritanie, du Mali, de la Guinée-Conakry, la Guinée-Bissau et de la Gambie. Les Sénégalaises sont particulièrement douées et reconnues pour leurs excellentes performances en matière de tresses.

Les *vanilles crépues*, encore appelées « *kinky twists* », sont courtes et réalisées avec des extensions à texture crépues.

Les vanilles appelées « *Marley twists* » sont longues, tout comme les vanilles sénégalaises sauf qu'elles se font en utilisant des extensions à texture plus frisées.

Les Marley twists tiennent leur nom du chanteur Bob Marley, le Roi du Reggae, qui a introduit les *« dread-locks »*, encore appelées *« locks »*, dans le monde.

Les « *Havana twists* » sont une version plus épaisse des vanilles « kinky twists ».

Savais-tu que La Havane est la capitale de Cuba ?

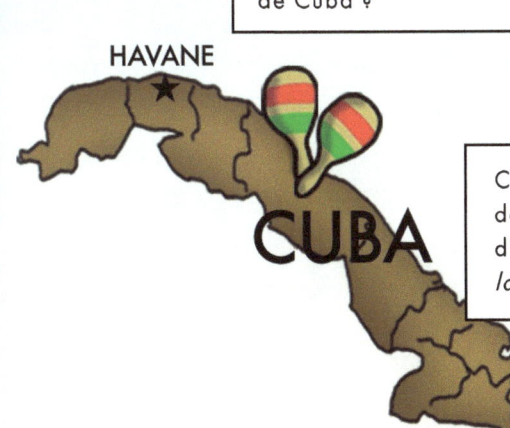

Cuba est l'île la plus vaste des Caraïbes et le lieu d'origine des danses *afro-latines* salsa et rumba.

 Tu peux faire des vanilles collées !

Les *vanilles collées* sont similaires aux nattes collées sauf qu'elles se font avec deux mèches de cheveux au lieu de trois.

Tu peux ensuite les défaire pour faire une coiffure qu'on appelle « *twists out* ».

Tu peux faire des nœuds bantous ou « bantu knots » !

Cette coiffure est connue sous différents noms tels que les *nœuds Zoulous* ou *nubiens*, les *petits chignons*, les *choux*, *chiney bumps*, ou encore *graines de poivres* selon la région. Elle se fait en traçant de petits triangles, losanges ou carrés sur le cuir chevelu selon la forme désirée et en roulant les mèches sous forme de nœuds.

Les peuples Bantous et Zoulous se trouvent en Afrique subsaharienne, tandis que les Nubiens viennent du sud de l'Égypte et du nord du Sudan.

Ces nœuds ont été portés pendant des siècles par les jeunes filles à travers le continent africain et les Caraïbes. Les *Bantous*, *Zoulous*, et *Nubiens* sont les noms de groupes ethniques en Afrique.

Dans certains pays des Caraïbes, cette coiffure est aussi appelée *« graines de poivre »* à cause de la forme des nœuds.

Avant, les nœuds Bantous se faisaient uniquement pour rester à la maison —

surtout après avoir fait un champoing et avoir démêlé les cheveux car les nœuds Bantous détendent les boucles —

mais de nos jours, on peut voir des jeunes filles et des femmes les faire pour sortir.

Tu peux aussi obtenir une coiffure après les avoir défaits !

Tu peux les tresser au fil !

Les *tresses au fil* sont un autre style ancien de coiffure africaine.

Pour tresser tes cheveux au fil, enroule fermement les mèches de cheveux sectionnées avec du fil ou un morceau de tissu.

Tu as probablement déjà vu cette coiffure avant sans même le réaliser : les parcs d'attractions et les foires ont souvent des stands dans lesquels on peut se faire tresser les cheveux avec des fils de couleurs vives.

Les gens se font également des tresses au fil lorsqu'ils vont en vacances dans les pays tropicaux tels que le Brésil. Ces tresses y sont appelées *« tererês »*.

Dans les années 1800, les femmes esclaves se faisaient des tresses au fil pour étirer leurs cheveux afin de pouvoir faire des coiffures nécessitant des cheveux lisses comme ceux des blancs.

Pendant la semaine les femmes esclaves attachaient leurs cheveux dans un *bandana* pour que les tresses ne se détachent pas ...

Les tresses leur permettaient aussi de garder le visage dégagé lorsqu'elles travaillaient dans les champs. Par ailleurs, elles protégeaient aussi leurs coiffures à l'aide d'un bandana.

... avant d'avoir pu faire la coiffure aux cheveux lisses et d'avoir pu la révéler à l'église le dimanche ou lors une autre occasion spéciale.

Après l'église ou autres événements, les femmes refaisaient d'autres tresses et les rattachaient pour la semaine suivante.

 Tu peux les rallonger !

Les *extensions* ou *rajouts* sont des cheveux artificiels faits à partir de fibres synthétiques ou de cheveux humains qui sont rajoutés aux cheveux ou aux tresses afin de donner plus de longueur ou de volume à la coiffure souhaitée.

Les extensions existent sous différentes teintes, couleurs, tailles et textures.

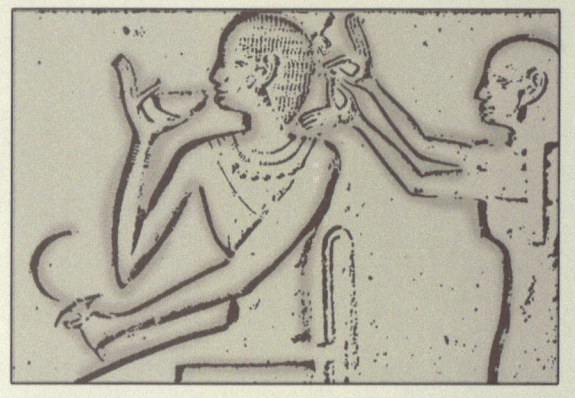

Les gens portent des cheveux artificiels depuis environ 3000 ans avant Jésus-Christ, en commençant par les Égyptiens d'autrefois qui étaient parmi les premiers hommes à mettre des extensions.

Quand la momie de la *reine Meryet-Amon* (fille du roi Ramsès II et de la reine Néfertari) a été découverte, elle portait des extensions. Certaines de ses tresses ont même été retrouvées, entassées dans une corbeille, dans sa tombe !

Les cheveux artificiels étaient très à la mode en Égypte antique — presque tout le monde portait des perruques faites en laine noire, coton, cheveux humains, fibres de feuilles de palmes, ou encore poils de chevaux — et les Égyptiens qui n'avaient pas les moyens de s'en procurer créaient des looks similaires en utilisant des extensions.

Tu peux les friser naturellement !

En défaisant toutes ces coiffures : les nattes collées, les vanilles ou les tresses au fil, tu obtiendras des cheveux frisés sans même avoir besoin d'y appliquer un fer à friser chaud.

Tu peux faire des locks !

Les « *dreadlocks* » ou tout simplement « *dreads* », désignent une coiffure ayant l'apparence de cordes qui sont faites en torsadant des mèches de cheveux, tout en les laissant pousser sans jamais les peigner.

Les « dreadlocks » ont vraiment une mauvaise réputation.

Certains pensent que la première particule du nom « dread » vient de la période de l'esclavage, lorsque les blancs qualifiaient les cheveux ébouriffés et entremêlés des esclaves d'« affreux », qui se traduit par « dreadful » en anglais.

Les *rastafariens* croient que ce terme provient de la crainte de
« la puissance redoutable de l'être saint », en d'autres termes,
la puissance incroyable de Dieu.

Quelle que soit l'origine de ce nom, plusieurs adeptes de cette coiffure ont au fil du temps retiré le « a » de l'orthographe du mot « dread » pour en éliminer la connotation négative.

Les cheveux plus bouclés forment des locks plus rapidement que les cheveux raides ou lisses, ce qui explique pourquoi les cheveux africains forment des dredlocks plus facilement.

La particule « locks » du nom provient de la méthode utilisée pour faire cette coiffure : quand les cheveux ne sont pas peignés, ils s'entremêlent et s'attachent en formant des « locks », ce qui signifie « cadenas » en anglais.

Quand les gens voient quelqu'un avec des « locks », ils pensent très souvent à Bob Marley et au *mouvement rastafarien*, ou alors ils ont des préjugés négatifs concernant l'hygiène, le point de vue politique ou la classe sociale de la personne qui les porte, tout ceci dû aux stéréotypes engendrés par la société.

Dans la Bible, Samson et Jean Baptiste avaient des locks. En tant que *Naziréens* (les hommes saints dans le judaïsme ancien), ils avaient fait le vœu de ne jamais couper leurs cheveux. Pour cette raison, ils laissaient leurs cheveux pousser librement, sans interférence.

Mais peux-tu croire que les locks étaient une coiffure prestigieuse pendant des milliers d'années ?

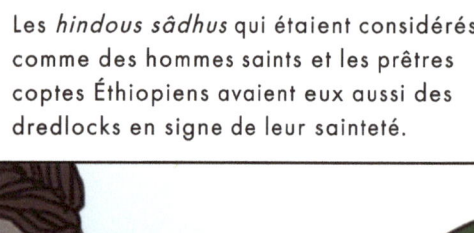

Les *hindous sâdhus* qui étaient considérés comme des hommes saints et les prêtres coptes Éthiopiens avaient eux aussi des dredlocks en signe de leur sainteté.

Et il se pourrait aussi que même les anciens rois égyptiens avaient cette coiffure en guise de couronne de gloire !

Tout comme les Naziréens, les Rastafariens croient que la Bible demande aux personnes menant une vie de sainteté de ne pas altérer leurs cheveux. Lorsqu'une personne adhère à la croyance Rastafarienne, elle laisse pousser ses cheveux librement et au fil du temps ils forment des locks.

On peut souvent déterminer approximativement depuis combien de temps une personne est adepte de la croyance Rastafarienne par la longueur de ses dredlocks.

Les Rastafariens tiennent leur inspiration de porter des locks de deux tribus venant du Kenya : les *Kikuyu* (aussi connus sous le nom de *Mau Mau*), qui étaient des soldats qui s'étaient rebellés contre les Anglais dans les années 1950, et les guerriers *Maasaï* qui portent des locks teintés en rouge avec de la sève de plantes.

Les femmes *Hamer* de l'Éthiopie et les femmes *Himba* de Namibie portent aussi des dredlocks.

Bien que les Rastafariens portent des locks pour des raisons religieuses mais aussi pour démontrer leur fierté noire, les locks sont de manière générale une coiffure appréciée par des gens de différentes origines ethniques, textures de cheveux et systèmes de croyances tels que :

les grecques d'autrefois, les romains, les *peuples Germaniques*, les *Aztèques*, les *Nagas de l'Inde*, les *indigènes* de l'Amérique du Nord et les *habitants des îles du Pacifique*.

Les blancs aussi portent des locks : en Australie, par exemple, les dredlocks sont devenus populaires chez les surfeurs, ainsi que chez les Aussies dont les cheveux sont bouclés et qui préfèrent laisser leurs cheveux pousser en formant des locks pour échapper à la contrainte de devoir les démêler.

Tu peux les laisser au vent et les porter en afro !

Un *afro* est une coiffure qui se fait en peignant des cheveux crépus tout en les tapotant pour leur donner une forme arrondie.

Cette coiffure africaine qui était autrefois connue sous le nom de « bush » ou « naturelle », était à la mode chez les femmes Sud-Africaines dans les années 1950.

(Cette coiffure est une manière de porter ses cheveux africains au vent. Elle a aussi été portée par d'autres peuples comme les membres de la tribu *Karrayyu* en Éthiopie.)

Pendant les années 1960, la coiffure autrefois appelée « bush » a été redécouverte par les noirs aux États-Unis et se fait appeler « afro » depuis lors. La coiffure afro était le symbole du mouvement populaire « Black Power » par lequel les protagonistes exprimaient leur fierté en déclarant que la race noire est belle par le célèbre slogan « Black is Beautiful ».

Lorsque les Afro-Américains ont commencé à porter des afros avec fierté, cela a encouragé les Amérindiens à célébrer à leur tour leur héritage culturel. Ils ont donc commencé à se faire fièrement des tresses et à porter leurs tenues traditionnelles dans leur mouvement social appelé « Red Power Movement ».

Tu peux faire un frohawk !

Un *frohawk* est un mélange des coiffures afro et *Mohawk*.

Un *Mohawk* (*Mohican*), encore appelé la *crête Iroquoise*, est une coiffure d'origine Amérindienne qui consiste à raser les cheveux sur les côtés en laissant une crête de cheveux tout le long du milieu de la tête.

Pour faire un frohawk, tu peux raser les côtés de ta tête (comme un vrai Mohawk), ou tout simplement les lisser ou les tresser vers le milieu de ta tête en laissant les bouts défaits.

Bien que le nom « Mohawk » vienne de la tribu des *Mohicans* (un groupe ethnique *indigène* originaire de l'état de New-York aux États-Unis), cette coiffure a été portée par différents groupes *aborigènes* tout au long de l'histoire.

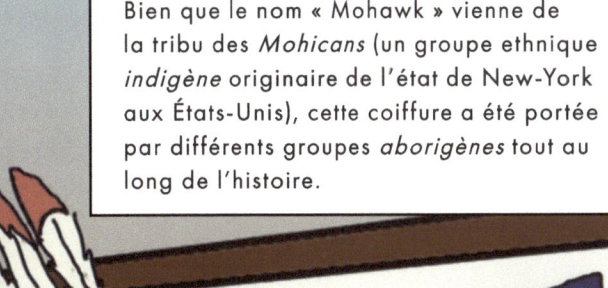

 Tu peux faire des afro puffs !

Les *afro puffs* sont des couettes faites avec des cheveux crépus.

Comme tu peux le voir, il y a tellement de choses que tu peux faire avec tes cheveux crépus ou bouclés, et ces coiffures sont d'ailleurs les plus simples car il y a d'innombrables possibilités !

À force de faire des expériences avec mes cheveux je découvre de nouveaux styles !

Maintenant à l'école, tout le monde me demande : « *Comment* tu as fait pour faire ça avec tes cheveux ? »

Et même mes cousins me demandent : « *Quand* vas-tu nous faire la même chose ? »

Les cheveux naturels sont très malléables : on peut les avoir frisés ou lisses ; on peut aussi en faire de jolies tresses ; ou les laisser au vent, et c'est vraiment génial !

Alors la prochaine fois que quelqu'un te demande :
« Mais que vas-tu faire de tes cheveux ? »

Tu peux fièrement
leur répondre :
« *ce qui me plaît !* »

Glossaire

Aborigène : Peuple autochtone d'un lieu ou d'une région.

Afars : Groupe ethnique vivant dans la région de la corne de l'Afrique où se trouvent l'Éthiopie, le nord de Djibouti et le sud de l'Érythrée. Ils sont aussi connus sous le nom de **Danakil**.

Afrique subsaharienne : Étendue du continent africain dont les pays sont situés au sud du Sahara à l'exception du Soudan.

Afro-latin : Personne d'origine d'Afrique subsaharienne et d'Amérique latine.

Aztèques : Peuple autochtone originaire du Mexique dont la civilisation a commencé au début du 13ème siècle au centre du Mexique et a duré jusqu'en 1521 lors de la conquête espagnole.

Bandana : Morceau de tissu carré qui s'attache sur les cheveux.

Corne de l'Afrique : Péninsule de l'Afrique de l'Est comprenant l'Éthiopie, la Somalie, l'Érythrée et Djibouti.

Crépu : Adjectif désignant les cheveux extrêmement bouclés.

Défrisage : Traitement chimique administré aux cheveux crépus afin de les rendre lisses.

Dredlocks ou locks : Coiffure ayant l'apparence de cordes, créée en séparant des mèches de cheveux qui sont ensuite tournées au doigt et qu'on laisse pousser sans jamais les peigner.

Esclaves des champs : Esclaves assignés aux travaux agricoles et qui en général avaient la peau plus foncée et les cheveux plus crépus.

Esclaves de maison : Esclaves assignés aux travaux domestiques, ayant en général la peau claire avec des cheveux ondulés ou lisses. Il s'agissait en général d'enfants nés de propriétaires d'esclaves blancs et de femmes esclaves noires.

Extensions de cheveux : Mèches faites à base de fibres synthétiques ou de cheveux humains qui sont rajoutées aux tresses afin donner plus de longueur ou de volume.

Fresque : Peinture murale réalisée sur du plâtre.

Habitants des îles du Pacifique : Habitants des îles de l'océan Pacifique y compris toute la Polynésie (Nouvelle-Zélande, les îles Fiji, Samoa, Hawaii, Tahiti, l'île de Pâques), la Mélanésie (Nouvelle-

Guinée, les îles Salomon, Vanuatu, la Nouvelle-Calédonie), et la Micronésie (les îles Marshalls et Palaos).

Hamer : Groupe ethnique vivant dans le sud-ouest de l'Éthiopie.

Himba : Groupe ethnique venant du nord de la Namibie et du sud de l'Angola dont on reconnaît les femmes par la mixture de beurre, graisse et d'ocre rouge avec laquelle elles enduisent leurs cheveux et leur peau au quotidien.

Hindous sâdhus : Moines de la religion hindoue.

Indigènes : Peuple autochtone d'un lieu ou d'une région.

Karrayyu : Groupe ethnique vivant dans la zone Ormoie de l'Éthiopie.

Kikuyu ou la revolte des Mau Mau : Groupe ethnique le plus vaste du Kenya. Les soldats **Kikuyu** ont déclenché une révolte sous le nom de **Mau Mau** contre le règne colonial des anglais de 1952 à 1960.

Maasaï : Groupe ethnique vivant dans le sud du Kenya et au nord de la Tanzanie, connu pour ses guerriers.

Maghreb : Région d'Afrique du Nord comprenant le Maroc, l'Algérie, la Tunisie et la Lybie.

Mouvement Black Power : Mouvement politique ayant eu lieu au milieu des années 1960 jusqu'à la fin des années 1970, lors duquel les noirs aux États-Unis manifestaient leur fierté noire et se battaient pour l'égalité des droits des citoyens d'origine afro-américaine.

Mouvement Rastafari : Mouvement culturel ou religieux ayant commencé en Jamaïque dans les années 1950, dont les adeptes (appelés **Rastafariens**) croient en la divinité de l'empereur éthiopien Hailé Sélassié I et au retour de ses disciples en Afrique.

Nagas de l'Inde : Groupe d'ethnies vivant le long de la frontière entre l'Inde et le Myanmar.

Nattes collées : Coiffure d'origine africaine faite en répartissant les cheveux en mèches qui sont ensuite tressées fermement sur le cuir chevelu.

Naziréens : Personne faisant volontairement le vœu de se mettre à part pour se dévouer totalement à Dieu, tel que le décrit le libre de Nombres 6.1-21 dans la Bible.

Nouveau Monde : Hémisphère occidental, plus précisément les Amériques (y compris les îles des

Caraïbes et Bermudes.)

Passage du Milieu : Voyage transatlantique des esclaves de l'Afrique vers le Nouveau Monde lors de la Traite Négrière Transatlantique.

Peuples germaniques : Ethnie de l'Europe antique qui semble avoir été découverte premièrement au sud de la Suède actuelle, au Danemark, et au nord de l'Allemagne pendant l'âge du Bronze (environ 3000 et 1900 ans avant Jésus-Christ). Pendant des milliers d'années, cette ethnie s'est répandue vers le sud et l'ouest de l'Europe et a été à l'origine de la fin de l'empire romain en 476 après Jésus-Christ.

Reine Néfertari : Néfertari (aussi connue sous le nom de **Néfertari Meryenmout**) était l'une des femmes du grand roi Ramsès. Néfertari signifie « belle compagne » et Meryenmout signifie « Bien aimée de (la déesse) Mut ». Elle est l'une des reines d'Égypte les plus connues après Cléopâtre, Néfertiti et Hatshepsout.

Rites de passage : Rituel lors duquel on honore une transition importante telle que la puberté ou le mariage dans la vie d'un individu.

Traite Négrière Transatlantique : Capture et expédition des peuples de l'Afrique de l'Ouest par les Européens vers le Nouveau Monde, y compris le Canada actuel, les États-Unis, l'Amérique du Sud, l'Amérique centrale et les Caraïbes, au milieu des années 1400 jusqu'aux années 1860. La partie intermédiaire de la traversée en bateau des esclaves à travers l'océan Atlantique était connue sous le nom de **Passage du Milieu**.

Tresses au fil : Technique permettant de tresser les cheveux en les attachant fermement avec du fil ou un bout de tissu.

Vanille ou twists : Tresses faites en entrelaçant deux mèches de cheveux au lieu de trois.

www.ingramcontent.com/pod-product-compliance
Lightning Source LLC
Chambersburg PA
CBHW041434010526
44118CB00002B/74